ZABAWY PALUSZKOWE

KRZYSZTOF SĄSIADEK

ZABAWY PALUSZKOWE

Ilustrowała
Izabella Grzesiak

Media Rodzina

Ilustracja na okładce, ilustracje w tekście
Izabella Grzesiak

Projekt okładki, łamanie komputerowe
Iwona Rybczyńska

ISBN 978-83-7278-141-3

Media Rodzina Sp. z o.o.
ul. Pasieka 24, 61-657 Poznań
tel. 61 827 08 60
mediarodzina@mediarodzina.pl
www.mediarodzina.pl

Druk
Edica Sp. z o.o.

„...czego nie pamiętają ręce i nogi,
nie pamięta również głowa".
Urszula Tucholska

Dzieci od najwcześniejszych lat życia bardzo interesują się swoim ciałem. Niemowlęta mając około trzech miesięcy, zaczynają z ciekawością oglądać rączki i paluszki, śledzą wzrokiem ich ruch. Bardzo chętnie poznają swoje ręce, wkładając je do buzi. Nieco starsze dzieci z ogromną uwagą powtarzają pewne ruchy, łącząc je w różny sposób, dzięki czemu ćwiczą precyzję rąk i poszerzają repertuar swoich ruchów. To wszystko, czego się teraz nauczą i wyćwiczą podczas zabawy, będzie im przydatne w późniejszym dzieciństwie oraz w życiu dorosłym. Sprawne ręce ułatwią im naukę ubierania się, manipulowania różnymi przedmiotami, pisania i rysowania.

Małe dzieci spontanicznie podejmują zabawę swoimi rączkami i paluszkami. Potrzebują one również towarzysza zabaw, kogoś, kto da im poczucie bezpieczeństwa, kto będzie ich przewodnikiem w poznawaniu świata (początkowo tego najbliższego - czyli własnego ciała). Kimś takim dla małego dziecka są jego rodzice. Często bardzo dobrym towarzyszem zabaw małych dzieci okazuje się starsze rodzeństwo, a i nierzadko dziadkowie, którzy mogą poświęcić wnukom sporo wolnego czasu. Zabawy paluszkowe będą wtedy z pewnością bardzo przydatne.

Są one znane od wielu pokoleń. W różnych wersjach przekazywane były dzieciom i wnukom przez dziadków i rodziców. Na polskim rynku wydawniczym dotychczas ukazało się jedno monograficzne opracowanie dotyczące zabaw paluszkowych: *Zabawy z najmłodszymi dziećmi* autorstwa Wandy Szumanówny. Pisze ona, że „nie ma prawie dziecka w Polsce, które nigdy nie bawiło się grą paluszków". Śmiało też można zaryzykować stwierdzenie, że zabawy te znane są pod wszystkimi szerokościami geograficznymi. **Najbardziej popularnymi w Polsce zabawami paluszkowymi są: „Idzie rak", „Sroczka",„Czapla", „Dwa Michały", „Rodzina"**. Przysparzają one dzieciom, jak i osobom bawiącym się z nimi wiele radości. Dzieci bardzo chętnie w nich uczestniczą. Nie są to jednak wierszyki do nauki, przynajmniej nie na początku. **W tych zabawach**

główna aktywność należy do osób dorosłych. To one recytują i ilustrują tekst, dotykając dziecięcych paluszków, dłoni, ramion, szyi, głowy, uszu. Dlatego zabawami paluszkowymi można się bawić z dzieckiem, które jeszcze nie mówi. Można je stosować od najwcześniejszych dni życia dziecka. Początkowo będzie ono bierne, ale w wieku kilku miesięcy, gdy zacznie oglądać swoje ręce, nogi i palce, jego udział zacznie się stawać coraz bardziej aktywny, aż któregoś dnia dziecko samo rozpocznie dobrze mu znaną zabawę i samo ją przeprowadzi. Będzie to powód do dumy zarówno dla dziecka, jak i jego rodziców czy opiekunów.

W życiu małego dziecka jest wiele okazji do podejmowania wspólnej zabawy. Bywają dni, kiedy osoba dorosła ma na to dużo czasu, ale niestety zdarza się coraz częściej, że na wspólną zabawę jest go bardzo mało. W obu tych sytuacjach zabawy paluszkowe mogą się okazać atrakcyjne i przydatne. Gdy mamy dużo czasu, mogą one przeplatać bardziej rozbudowane formy zabawowe, a w sytuacjach, gdy mamy go mało, te drobne formy okażą się ciekawym uatrakcyjnieniem kilku spędzonych z dzieckiem chwil. Zabawy będą szczególnie przydatne w poczekalni u lekarza, w pociągu i wszędzie tam, gdzie nie mamy zabawek.

Podczas zabaw paluszkowych dziecko poznaje nowe rodzaje ruchów i możliwości ich łączenia. Opanowuje je bez większego wysiłku dzięki wielokrotnemu powtarzaniu. **Zabawy paluszkowe poprawiają sprawność manualną**, która potrzebna jest przy wykonywaniu czynności wymagających precyzyjnych ruchów ręki (np. przy pisaniu i malowaniu). Można wykorzystać je przy usprawnianiu dzieci, które jeszcze nie dojrzały do ćwiczeń i zabaw manipulacyjnych (układania, konstruowania, lepienia, wydzierania, wycinania, rysowania, malowania). Zabawy te warto stosować jako wstępny etap nauki pisania, szczególnie u dzieci z obniżoną sprawnością manualną.

W zabawach paluszkowych może uczestniczyć kilkoro dzieci jednocześnie. Bardzo chętnie obserwują one przebieg zabawy na dłoniach innego dziecka, a następnie same ustawiają się w kolejce do osoby recytującej i ilustrującej wierszyk. Często może się zdarzyć tak, że te dzieci, które szybciej zapamiętały tekst i odpowiednie gesty, zaczynają przeprowadzać zabawę z rówieśnikami lub dziećmi nieco młodszymi.

Profesor Irena Obuchowska podkreśla, że **zabawy paluszkowe warto stosować w Domach Małego Dziecka oraz podczas odwiedzin dziecka w szpitalu**. Pisze ona, że „smutek z powodu rozstania złagodzą powtarzane w myślach słowa o raku nieboraku czy chodzącej po desce czapli, a ruchy paluszków choć na chwilę zastąpią dotyk matki". Nie musimy szukać odpowiedniego miejsca do przeprowadzania tych zabaw. Każde miejsce dające dziecku poczucie bezpieczeństwa będzie dobre.

Przeprowadzenie poszczególnych zabaw nie wymaga wiele czasu. Są to głównie zabawy kilkuminutowe. Należy jednak pamiętać, że dzieci domagają się wielokrotnego powtarzania znanych zabaw, dlatego warto przeznaczyć na nie więcej czasu i umieścić je w kanonie codziennych zabaw z dzieckiem. W ciągu dnia każda chwila jest warta wykorzystania jej na zabawę z dzieckiem i warto wtedy pamiętać o zabawach paluszkowych.

Zabawa zawsze powinna odbywać się w miłej, przyjaznej atmosferze, w poczuciu bezpieczeństwa i zaufania. Dlatego ważne jest, by stworzyć warunki, które będą spełniać te wymogi. Jak pisze Teresa Chachulska, śmiech i radość to niezaprzeczalne atrybuty każdej zabawy. Zabawa jest dobra, jeśli u bawiących się wywołuje takie właśnie reakcje.

Zabawy paluszkowe powinny mieć pogodne treści, by nie powodowały strachu, lęku, niepewności. Około drugiego roku życia dziecko zaczyna aktywnie przeżywać historie odgrywane podczas „paluszkowych przedstawień". Potrafi już smucić się lub cieszyć adekwatnie do przedstawianej historii. Czasami bardzo silnie współczuje bohaterom inscenizacji i silnie przeżywa toczącą się akcję. Dlatego Wanda Szumanówna proponuje, aby pomijać smutne i drastyczne fragmenty niektórych zabaw, na przykład w przypadku jednej z wersji „Sroczki" należy zastąpić fragment: „temu łepek urwała" innym tekstem o zabarwieniu pozytywnym. Wierszyki należy recytować z ogromną czułością, serdecznością i uśmiechem przy jednoczesnym delikatnym, wzbudzającym zaciekawienie dotykaniu ciała dziecka. Nie można zapominać o odpowiedniej i adekwatnej do słowa intonacji i interpetacji tekstu. **Specyfiką tych zabaw jest to, że można bawić się nimi wiele razy, a mimo to nie tracą swojej atrakcyjności.** Dzieci domagają się wielokrotnego powtarzania zabawy. Należy to robić w myśl zasady: im młodsze dziecko, tym więcej wymaga powtórzeń. Dziecko stopniowo uczy się ruchów występujących w zabawie, dzięki temu potrafi przewidzieć kolejny ruch, co sprawia mu ogromną radość. Następnie uczy się poszczególnych słów, powtarzając je za prowadzącym zabawę. Po pewnym czasie dziecko zna już tekst zabawy na pamięć i potrafi zilustrować go swoimi paluszkami. Zaczyna wtedy rozumieć, że każdy paluszek i każdy ruch coś przedstawia, jakąś postać lub czynność.

Dobrze znane zabawy można urozmaicać. Na przykład można za pomocą pisaka czy długopisu namalować dziecku na paluszkach kropki jako oczy i kreski jako nos i usta. Sprawi to bardzo dużo radości. Może się zdarzyć tak, że dziecko będzie się domagać, by oczy i usta namalować na wszystkich paluszkach.

Pozytywny emocjonalny kontakt nawiązany pomiędzy dzieckiem a osobą z nim bawiącą się wpływa korzystnie na podejmowanie prób komunikowania się. Dziecko podczas zabaw uczy się naprzemienności, co jest podstawą dialogu. **W trakcie zabaw paluszkowych dziecko wzbogaca swoje słownictwo.** Wszystko to wpływa korzystnie na rozwój jego mowy.

Zabawy paluszkowe oprócz tego, że umożliwiają przeżycie wielu radosnych chwil, wpływają bardzo pozytywnie na ogólny rozwój dziecka. Umożliwiają nawiązanie pełnego miłości i zaufania kontaktu osoby dorosłej z małym dzieckiem.

Warto pamiętać o tych zabawach w kontakcie z małymi i nieco starszymi dziećmi. **Podane w tej publikacji zabawy to tylko propozycje.** Nie trzeba się ich sztywno trzymać. Te zabawy są po to, by się nimi bawić. Można zgodnie z własnymi potrzebami zmieniać tekst i sposób jego ilustrowania. Podczas zabawy osoby bawiące się mogą na zmianę recytować i ilustrować tekst. Warto też razem z dzieckiem spróbować ułożyć króciutki wierszyk i zilustrować go rączkami i paluszkami.

Dzieci bardzo lubią zabawy z dorosłymi, dlatego starajmy się stwarzać do tego jak najwięcej okazji, bo przecież wspólna zabawa przynosi radość zarówno im, jak i nam.

POWITANIE

Gdy się rączki spotykają,
To od razu się witają.

Gdy się kciuki spotykają,
To od razu się witają.

Gdy się palce spotykają,
To od razu się witają.

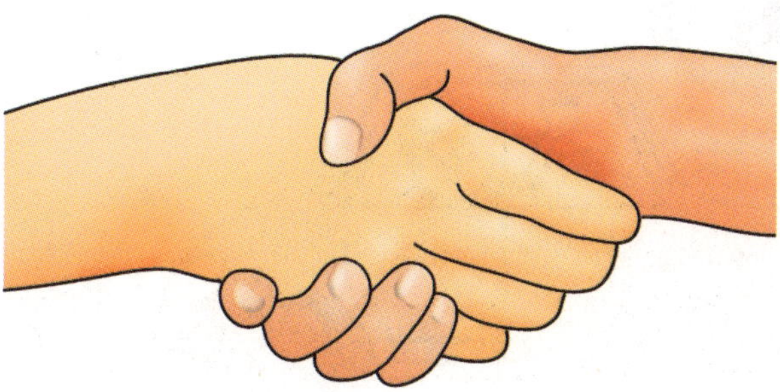

AUTO

Auto do myjni przyjechało,
Bo się umyć ładnie chciało.

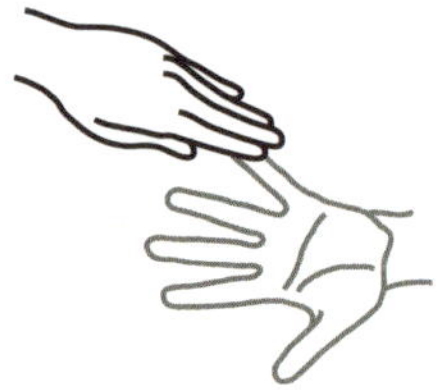

Umyto:
Pierwsze koło podstawowe,

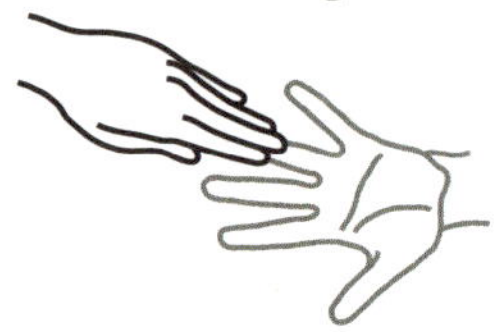

Drugie koło podstawowe,

Trzecie koło podstawowe,

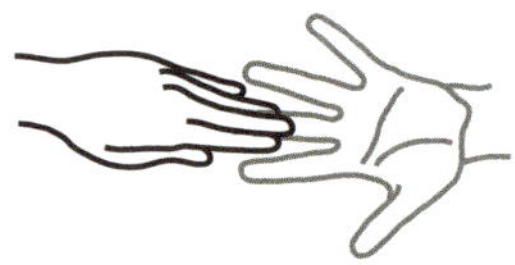

Czwarte koło podstawowe,

Piąte koło zapasowe.

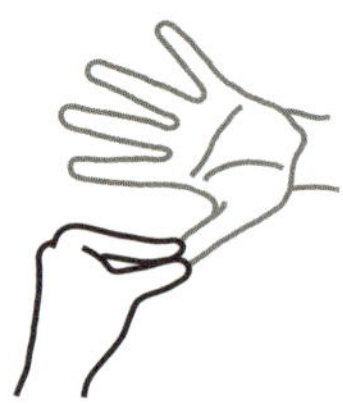

ĆWIR-ĆWIR

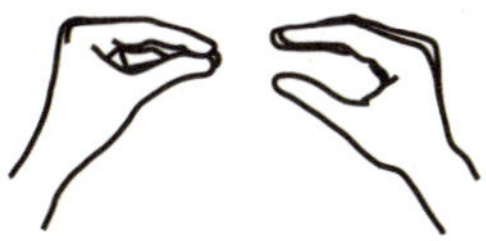

Ćwir-ćwir, ćwir-ćwir
Ptaszki śpiewają.

Fyr-fyr, fyr-fyr
Ptaszki fruwają.

DESZCZOWY SPACEREK

Poszła pani na spacerek.

Deszczowe chmury
przywiał wiaterek.

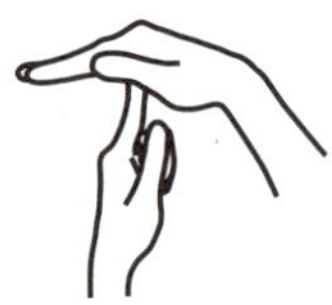

Gdy daleko od domu już była,
Deszcz zaczął padać - parasol rozłożyła.

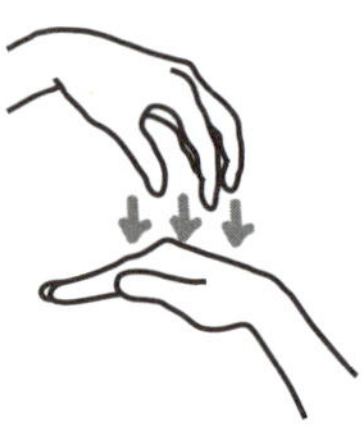

Gdy kropla za kroplą spadała,
Pani pod parasol się schowała.

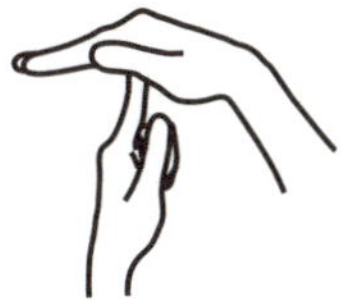

Gdy deszczyk przestał padać,
Parasol złożyła i do domu wróciła.

BAŁWANEK

Zimą, gdy śnieżek prószy,
A mróz szczypie w uszy,
Dzieci bawią się na dworze,
Kto ulepić bałwanka im pomoże?

Ja ulepię kule dwie,
To podstawa, a to brzuch,
Tu potrzeba ludzi dwóch,

Trzecia kula zamiast głowy,
Nasz bałwanek już gotowy.

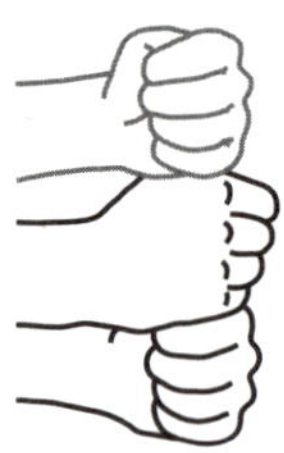

BIEDRONKA

Biedronka mała,
Robaczki spotkała:

z tym się przywitała,

tego pogłaskała,

temu pomachała,

tego zabrać chciała,

z tym się pożegnała,

...i do nieba poleciała.

DWIE RĘCE, DZIESIĘĆ PALCÓW

Ja dziesięć palców mam,

Na pianinie gram.

Ja dwie ręce mam,

Na bębenku gram.

Ja dziesięć palców mam

I na trąbce gram.

Ja dwie ręce mam

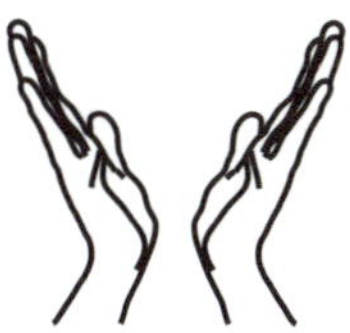

I zaklaszczę wam.

GOŚĆ

Ktoś się schował pod listkami,

Pierwszy listek zabieramy.

Drugi listek zabieramy.

Zawiał wiatr,

Trzeci listek sam już spadł.

Czwarty listek zabrał ktoś 

I pojawił się nasz gość. 

Oczy, buzię, nosek ma, 

Główka gotowa raz-dwa. 

GRZYBKI

W lesie grzyby sobie rosły.

Nagle wszystkie się podniosły.

Ujrzały zająca.
Wszystkie się schowały.
Tylko nie ten mały.

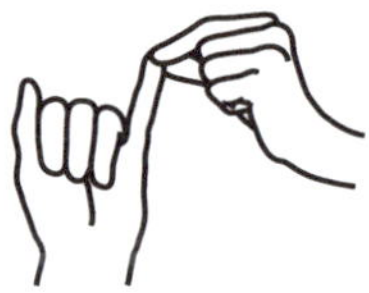

Przyszedł zając,
Ugryzł go,

Wszystkie grzyby mówią: „Sio!"

KANAPKA

Najpierw chleb pokroję, 

Masłem posmaruję. 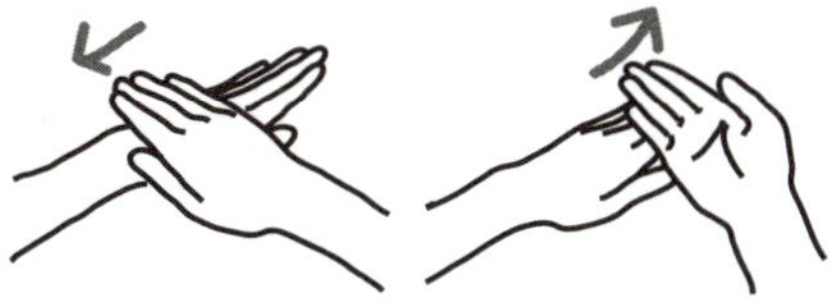

Na to ser położę, 

Pomidora też dołożę. 

I posolę, i popieprzę,
Żeby wszystko było lepsze. 

Już nie powiem ani słowa,
Bo kanapka jest gotowa. 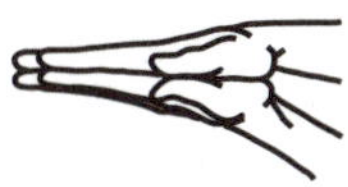

KOT

Takie ma oczy, 

Takie ma wąsy,  

Taki ma nos. 

Pazurkami drapie
I myszy łapie.
Wchodzi na płot,
Nazywa się... KOT!

MAŁE RĄCZKI

Dwie małe rączki klaszczą,

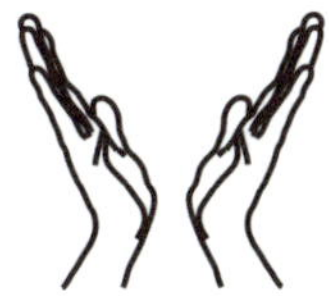

A czasem się pogłaszczą.

W kolanka zastukają

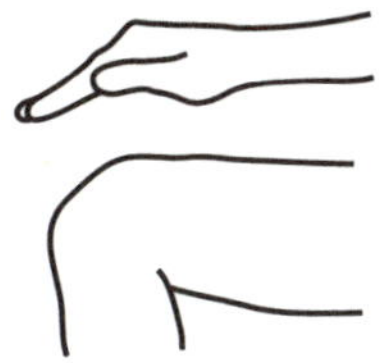

I dzieciom pomachają.

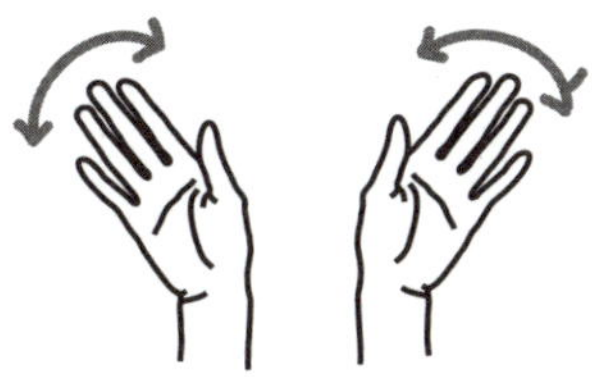

MYSZKA

Myszka mała kota się bała. 

Gdy kota widziała, do dziury zmykała.

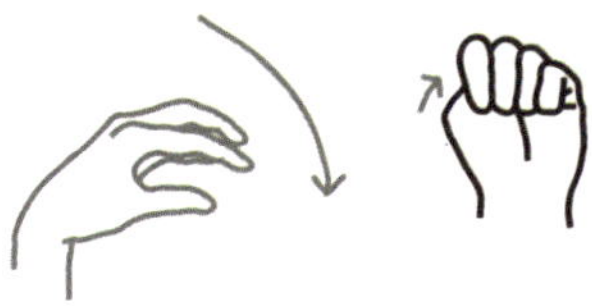

OKULARY

Dwa kółeczka się spotkały,

Tak powstały okulary.

A więc załóż je na nos.
I nieważne czy jest słońce,
czy jest wiatr,
Ty oglądaj przez nie świat.

PAJĄK

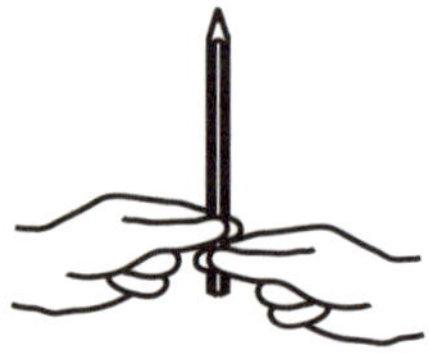

Pająk wchodził po drzewie

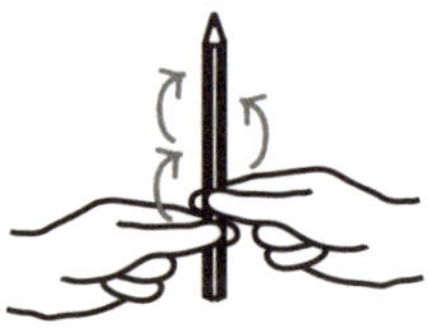

Do góry,
Do góry,
Do góry,

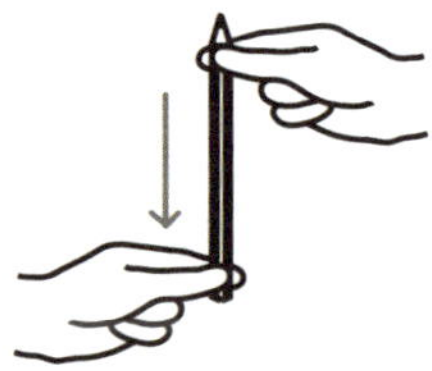

Bo chciał dotknąć chmury.

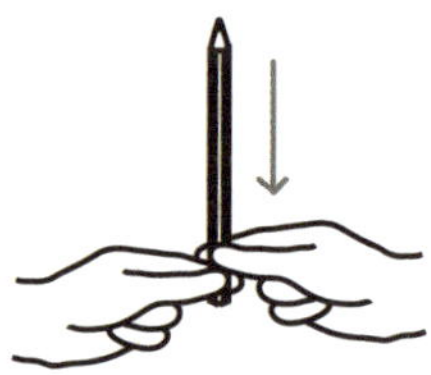

A jak deszczyk padał,
To pająk spadał.

PALUSZEK

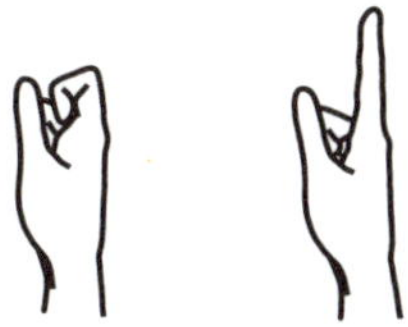

Paluszek zginam,
Paluszek prostuję,

Paluszkiem ucho wskazuję.

Paluszek zginam,
Paluszek prostuję,
Paluszkiem oko wskazuję.

Paluszek zginam,
Paluszek prostuję,
Paluszkiem nosek wskazuję.

(usta, policzek, czoło itd.)

PIESKI

Wszystkie pieski spały.

Pierwszy obudził się ten mały*.

Mały obudził średniego,
Który spał obok niego.

Gdy średni już nie spał,
To duży też przestał.

* Po każdej zwrotce można zadać dziecku pytanie:
„Powiedz mi, ile piesków jeszcze śpi?”

Trzy pieski się bawiły,
Czwartego zbudziły.

Cztery pieski szczekały,
Piątemu spać nie dały.

PTASZKI

Przyleciały ptaszki,
Ptaszki przyleciały,
Wesoło śpiewały,
Ćwir, ćwir, ćwir.

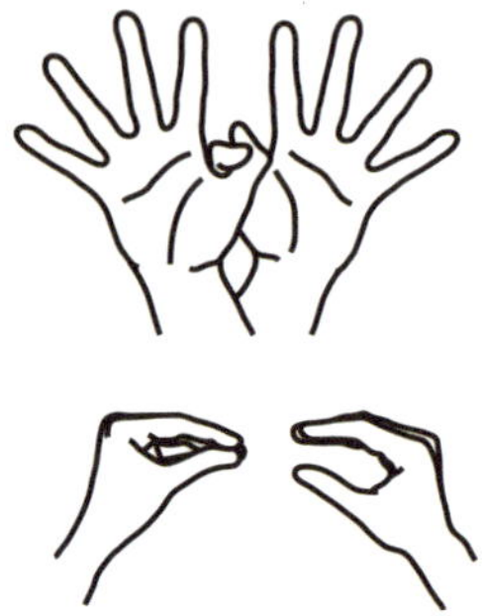

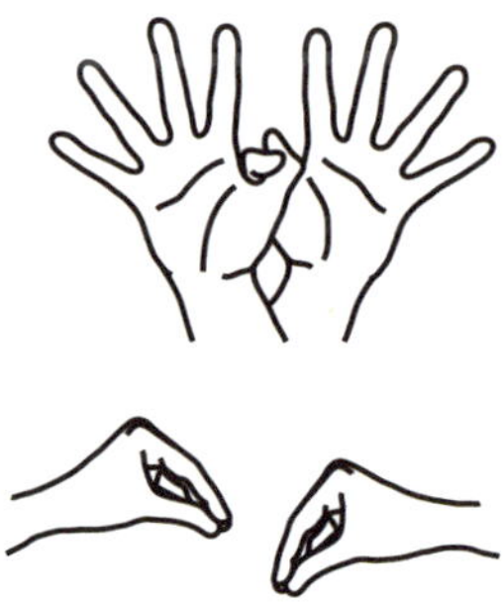

Przyleciały ptaszki,
Ptaszki przyleciały,
Ziarno wydziobały,
Ćwir, ćwir, ćwir.

TAKA GRA

To jest taka gra,
Zrób dokładnie to, co ja.

(Jedna osoba wykonuje jakiś ruch,
a pozostałe próbują ten ruch naśladować).

Wszystko dobrze powtórzyłeś,
Na oklaski zasłużyłeś!

PIĘĆ MAŁPEK

W dżungli kilka małpek żyło,
A dokładnie pięć ich było.

Pierwsza małpka
taka mała,

Druga małpka
wciąż skakała,

Trzecia małpka
wciąż płakała,

Czwarta małpka
wciąż się śmiała,

Piąta małpka
tak śpiewała:

W dżungli kilka małpek żyło,
A dokładnie pięć ich było... itd.

WIEWIÓRKA

Wiewióreczka mała,
Kamyczek spotkała.

Wiewióreczka mała,
Patyczek spotkała.

Wiewióreczka mała,
Robaczka spotkała.

Wiewióreczka mała,
Szyszkę spotkała.

Wiewióreczka mała,
Orzeszka spotkała.

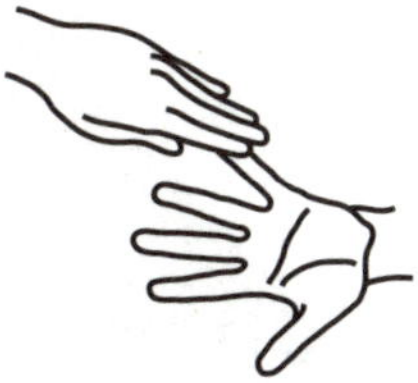

Kamyczek poklepała,

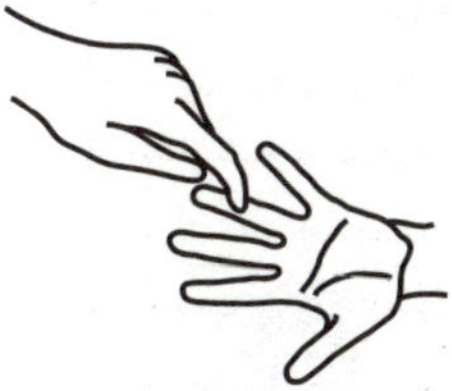

Patyczek podrapała,

Robaczka uściskała,

Szyszkę pogłaskała,

A orzeszka zabrać chciała.

UL

To jest ul.
Ul to taki dom,
Gdzie pszczoły śpią.
Pszczoły ciężko pracują.

Pszczoły z ula wylatują:
Jedna, dwie, trzy,
Cztery, pięć,
Bzzz, bzzz, bzzz.

(Sześć, siedem, osiem,
dziewięć, dziesięć,
Bzzz, bzzz, bzzz).

ZUPA

Mama zupę gotowała,
W wielkim garnku ją mieszała,

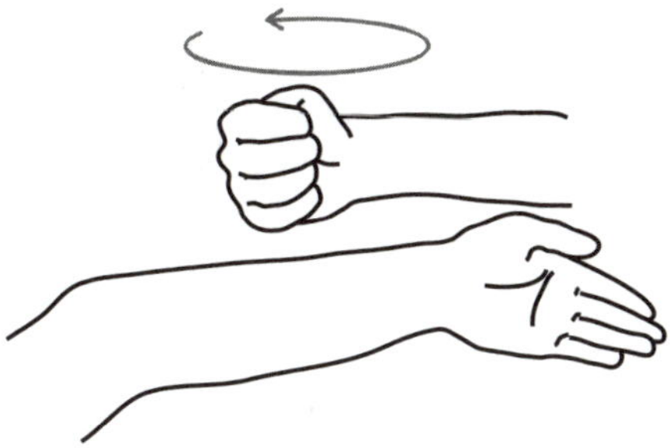

Przyprawiała, smakowała,
Przyprawiała, smakowała,

Do talerza ci nalała.

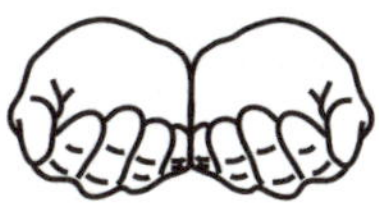

WITAJĄCE SIĘ RĄCZKI

Dwie rączki się spotkały,
Więc się przywitały.

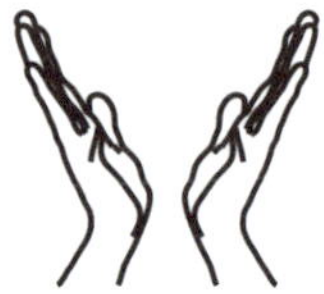

Najpierw zaklaskały,

Później się pogłaskały.

Mocno się ściskały,
Bo się dawno nie widziały.

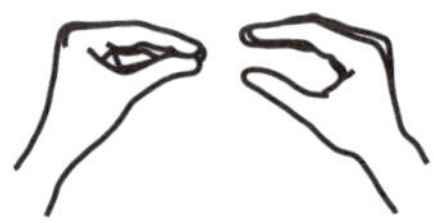

Jak się przywitały,
No to pogadały.

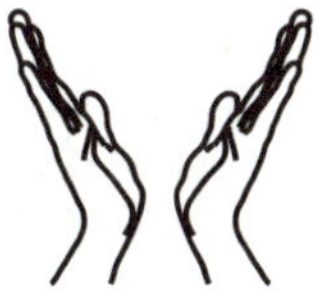

Gdy się pogłaskały,
To się żegnać zaczynały.
Znowu zaklaskały,

Znów się pogłaskały.

Mocno się ściskały,

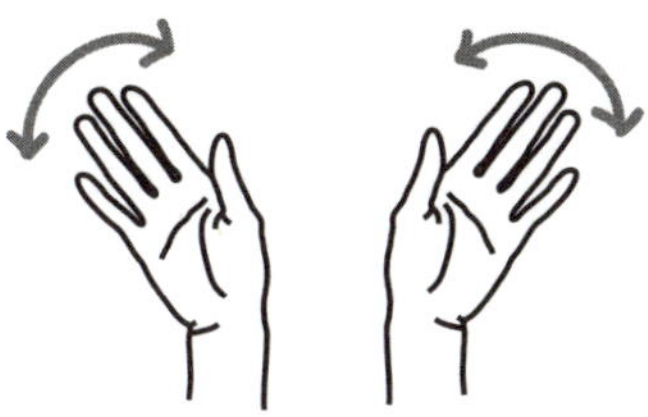

A na koniec pomachały.

ZESZYT

Zeszyt otwieramy,

Długopis bierzemy

I piszemy:
A jak arbuz,
B jak balon,
C jak cegła,
D jak dom...

ZNANE ZABAWY PALUSZKOWE

CZAPLA

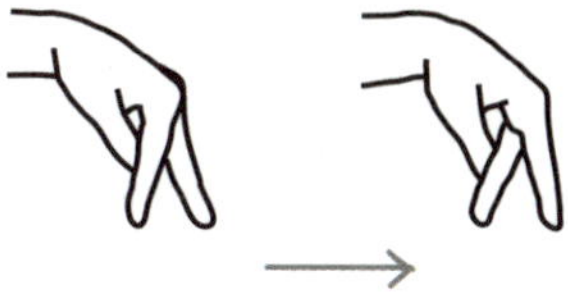

Chodziła tu czapla
Na wysokich nogach.

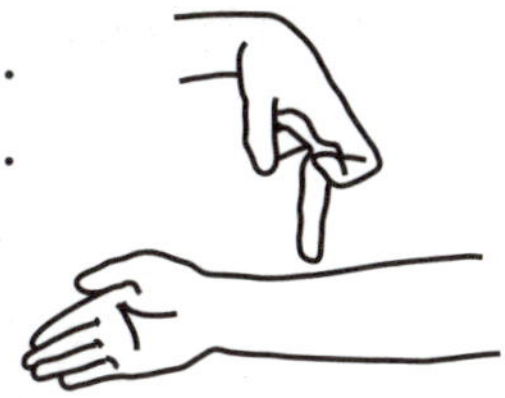

Chodziła po desce...
Chodziła po desce...

Opowiadać ci jeszcze?
Opowiadać ci jeszcze?

DZWONY

Dzwoni wielki, duży dzwon:
bum... bum... bum...

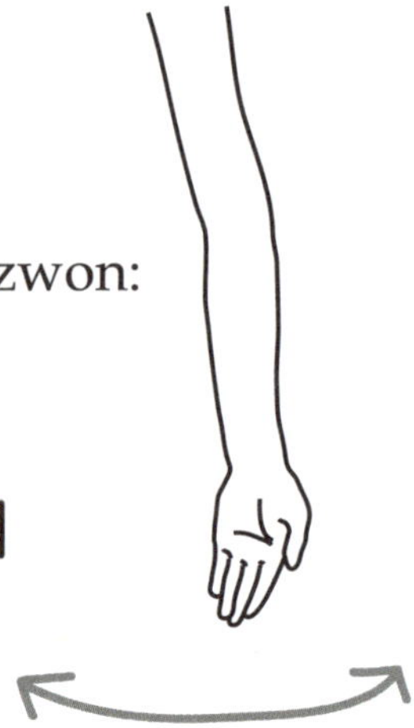

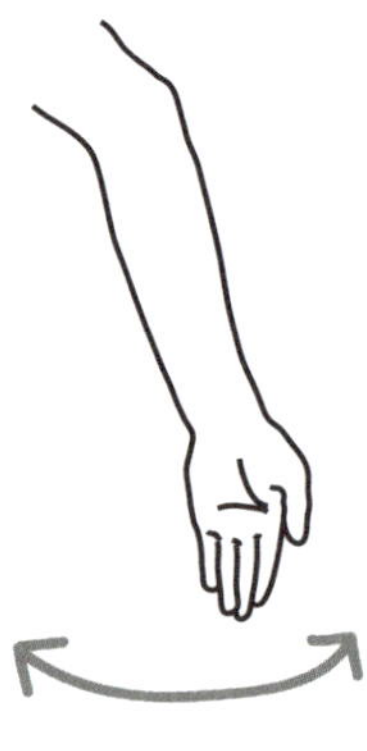

Dzwoni dzwon:
bim-bam... bim-bam...

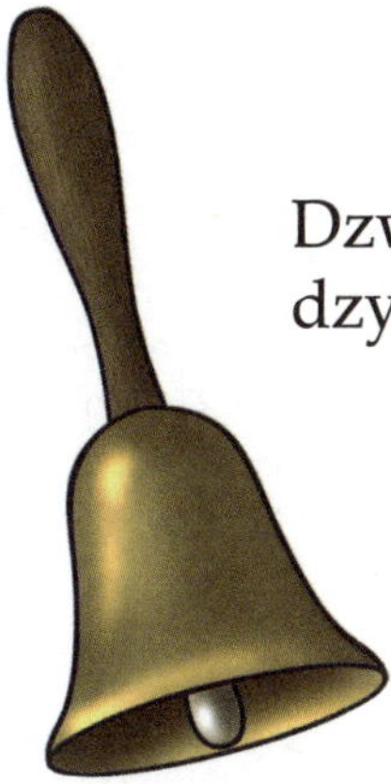

Dzwoni dzwonek:
dzyń-dzyń... dzyń-dzyń...

Dzwonią dzwoneczki:
dzyń-dzyliń... dzyń-dzyliń...

PALUSZEK I GRUSZKA

To jest kciuk – najgrubszy paluszek,

To wskazujący, co narwie nam gruszek,

Ten trzeci je podniesie,

A czwarty do domu zaniesie.

A tu mamy maluszka,
Co wrzuca gruszki do brzuszka.

KOMINIARZ

Idzie kominiarz

po drabinie...

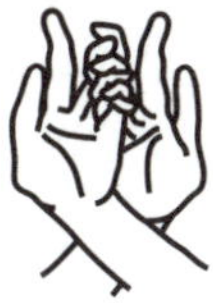

po drabinie...

po drabinie...

fiku-miku
już w kominie.

IDZIE MYSZKA

Idzie myszka do braciszka.

Tu wskoczyła,

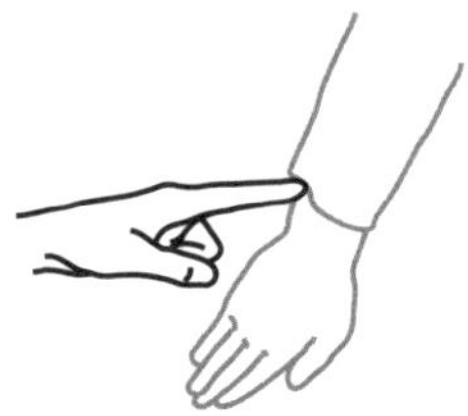

Tu się skryła.

DWA MICHAŁY

Tańcowały dwa Michały,
Jeden duży, drugi mały!

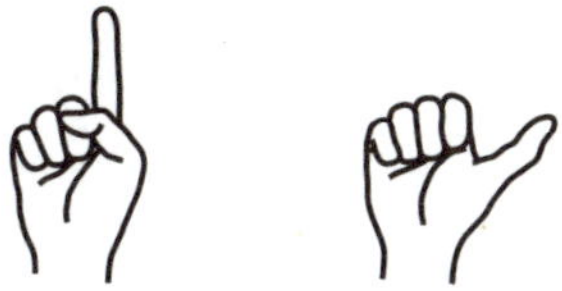

Jak ten duży zaczął krążyć,
To ten mały nie mógł zdążyć!

PRZYWITANIE

Mamo, mamo!

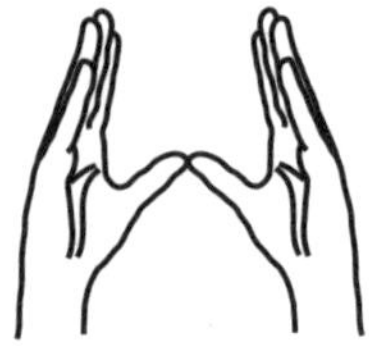

Co, co, co?

Jadą goście!

Ale kto?

Dzień dobry!
Dzień dobry!

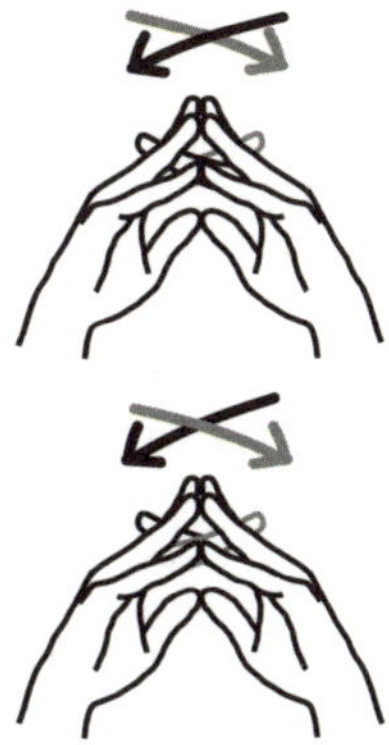

Cmok, cmok, cmok!

SROCZKA

Sroczka kaszkę warzyła.
Dzieci swoje karmiła.

Temu dała
- na łyżeczce.

Temu dała
- na miseczce.

Temu dała
- na spodeczku.

Temu dała
- w garnuszeczku.

A dla tego?
Nic nie miała!

Frrr!
Po więcej poleciała.

RODZINA

Ten pierwszy
– to nasz dziadziuś.

A obok
– babunia.

Największy
– to tatuś.

A przy nim
– mamunia.

A to jest
- dziecinka mała!
Tralalala, la, la...

A to – moja rączka cała!
Tralalala, la, la...

IDZIE RAK

Idzie rak nieborak.
Czasem – naprzód,
Czasem – wspak.

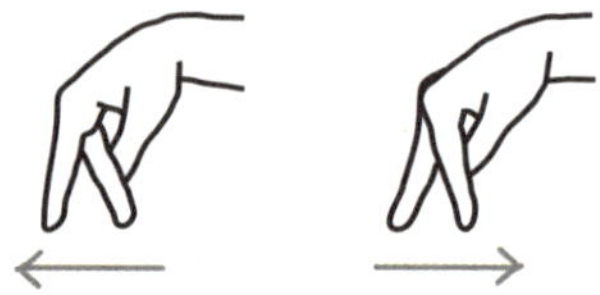

Gdy uszczypnie – będzie znak.

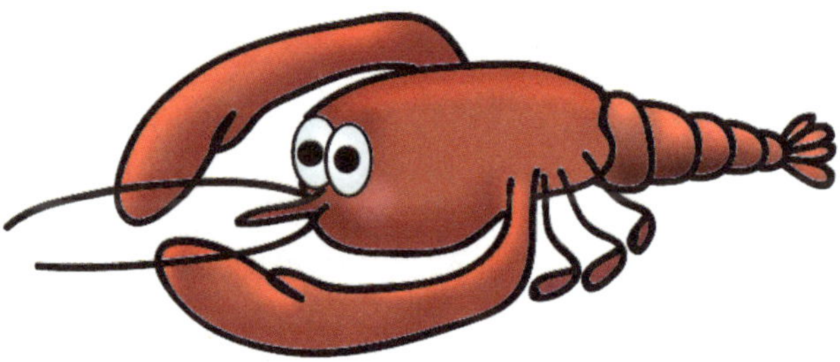

RACZEK

Idzie raczek, nieboraczek,

Gdy uszczypnie, będzie znaczek!

ZUPA

słowa: Krzysztof Sąsiadek   muzyka: Mirosława Sąsiadek

Umiarkowanie

PTASZKI

słowa: Krzysztof Sąsiadek   muzyka: Mirosława Sąsiadek

MYSZKA

słowa: Krzysztof Sąsiadek muzyka: Mirosława Sąsiadek

PALUSZEK

słowa: Krzysztof Sąsiadek muzyka: Mirosława Sąsiadek

MAŁE RĄCZKI

słowa i muzyka: Mirosława Sąsiadek

DWIE RĘCE, DZIESIĘĆ PALCÓW

słowa: Krzysztof Sąsiadek muzyka: Mirosława Sąsiadek

PIĘĆ MAŁPEK

słowa: Krzysztof Sąsiadek muzyka: Mirosława Sąsiadek

SPIS TREŚCI

ZNANE ZABAWY PALUSZKOWE

ZAPIS NUTOWY